大众理财实操手册

杜宇能◎编著

合肥工業大學出版社

序　　言

转眼之间，中国的改革开放已经走过了四十年，我们的祖国经历了从站起来到富起来再到强起来的历史性飞跃，人民群众的钱袋子也逐渐鼓起来，大众的理财需求不断增长，面对纷繁复杂的金融理财产品，迫切需要普及财富管理的知识。笔者希望通过通俗的语言和明确的观点给大众一些有关财富管理的方向性规划和直接的建议。如果您对未来的生活充满憧憬，希望通过财富管理达到家庭幸福的目标，那么您就是该手册的目标读者。

财富管理的关键是处理好风险和收益之间的关系。随着我国市场经济不断深入发展，理财早已不再仅仅是去银行存款和购买国债，各种投资渠道都向大众敞开了大门。尤其是近年来，神州大地更是掀起了家庭和个人投资的热潮，在这股热潮中，有财富增值的实现，也有血本无归的案例。为了避免出现血本无归的投资，大众需要特别关注财富管理的风险，将风险管控放在财富管理的第一位。但是如果一味地回避风险，大众的财富就会被不断上涨的房价和居民消费价格指数（Consumer Price Indes，CPI）所侵蚀。因此，该手册就是要在风险可控的前提下，对各种财富管理的渠道作明晰通俗的解释，对各种财富管理的优劣进行比较，给不同收入水平、不同风险承受能力、不同年龄段的朋友们一个清晰的财富管理建议。

财富管理是金融学研究的一个重要领域，但是学术研究的相关内容和结论常常显得过于深奥，该手册力图基于金融学学术研究的理论，用深入浅出的语言和表述方式，给大众一个明确的财富管理建议。尽管这些建议是笔者基于多年金融学研究的积累，但同时也是笔者的一家之言，不能说具有绝对的可靠性和科学性，因此读者在阅读该手册时需要带着自己的判断，也欢迎读者和笔者进行互动和探讨，进一步完善该手册的内容。

由于该手册的部分图片整理修改自互联网，感谢这些图片的原作者！感谢合肥工业大学出版社给予的大力支持！感谢合肥兴泰集团高级经理张雷勇博士从专业角度提出的宝贵意见！感谢安徽省社会科学界联合会领导对该手册的指导和帮助！

管理好您的财富

目　　录

第一章　把握好风险和收益的关系

大众财富是通过诚实劳动得来的成果，因此大众财富管理的第一要务就是控制风险，只有在风险可控、本金不受损失的情况下，收益才显得有意义。

第一节　风险和收益的关系

风险和收益的关系是金融学中永恒的议题，作为大众投资者，我们理解风险和收益的关系时需要记住三句话：

第一，风险和收益基本上呈正比关系，也就是说通常而言收益越高风险越大，收益越低风险越小。

第二，从财富管理的具体项目上看，存在一些风险较低但收益较高的财富管理渠道。

第三，与第二条相对应的是，有些财富管理渠道也会出现风险大和收益低的结果。

风险和收益的关系

这三条规律是基于金融学的有效市场假说，在这里笔者不做过多解释，只用几个例证来说明这三条规律。

第一个例证：美国债券和股票市场风险与收益之间的关系。在金融学中，对于一个稳定的国家政权，通常用短期政府债券代表风险很低的产品，长期政府债券的风险较短期政府债券风险则稍高。公司债券由于企业发展的不确定性，风险应当高于政府债券。由于股市的波动较大，股票的风险应当更高。根据风险和收益第一条关系，如果用收益率变化的范围来衡量风险的大小，短期政府债券的平均收益率应当最低，收益率变化范围应当最小；股票的平均收益应当最高，收益率变化的范围应当最大。这里以美国市场为例，给出了一个很好的印证：美国短期政府债券收益率在每年14.7%（1981年）到－0.02%（1938年）之间变化，平均收益率为

3.74%；美国长期政府债券的收益率在每年40.36%（1982年）到－6.09%（1958年）之间变化，平均收益率为5.36%；公司债券的收益率在每年43.76%（1982年）到－8.09%（1969年）之间变化，平均收益率为5.90%；普通股票的收益率在53.99%（1933年）到－43.34%（1931年）之间变化，平均收益率为12.34%。由此可见，作为市场经济最发达的美国市场，风险和收益基本上呈正比关系。

第二个例证：联想风投选择正确的项目在风险可控的条件下实现高收益。前身曾是中国科学技术大学人机语音通讯实验室的科大讯飞，早在1999年成立之初，便遭遇了资金上的瓶颈。2000年联想创始人柳传志提高了对联想投资板块的重视程度，通过对超过100家公司的筛选，联想投资正式向科大讯飞投资300万美元，按照当时汇率折合人民币2500万元，而科大讯飞也成为联想投资正式投资的第一家创业公司。从2000年以2.1亿元估值获得联想投资至今，科大讯飞的总市值曾一度高达771亿元，17年间的增长超过368倍。显然，对科大讯飞的早期投资和支持也带给联想投资丰厚的回报，科大讯飞上市数年后，联想投资成功实现退出。这个例子说明，通过有效的投资分析和选择，一个正确的投资项目可以在风险可控的情况下，带来较高的回报。当然，作为大众投资者，我们不具备风险投资的资金和条件，但在下文中笔者将会介绍，大众投资者如何通过选择合适的财富机构参与包括风险投资在内的股权投资。

第三个例证：农业项目普遍存在低收益高风险的特点。农业是一个面临诸多风险的弱势产业。农业面临的风险包括自然风险、市场风险、社会风险、技术风险。在农业的自然风险方面，我国古代素有“三岁一饥、六岁一衰、十二岁一荒”之说，我国的自然灾害不仅种类多、频率高、强度大，并且由于温室效应，农业的自然风险有日趋增强的趋势。在农业市场风险方面，农民在农产品价格较高时往往没有可出售的农产品，而在丰产时又往往面临“菜贱伤农”的局面，此外农业生产资料的不断上涨也压低了农业项目的市场利润。在社会风险方面，伪劣种子、化肥和农药等会造成农业生产的损失，

农业需要政府的扶持

不恰当的补贴和支持政策也会造成农产品价格的波动。在农业的技术风险方面，农业产品生产的技术复杂，为了达到高产优产的目的，很多新技术新方法也蕴含着不同程度的风险。与此同时，农产品价格由于关系到亿万国民的日常生活，不可能有较大的利润空间，因此农业项目往往具有低收益高风险的特点，因此农业需要政府的扶持和补助。

从第一个例证中可以看出，风险和收益是相生相伴的，通常而言，敢冒风险，就会有较高的收益，但同时遭受损失的可能也较大；回避风险，将会获得较低的收益，但遭受损失的可能则会较小。从第二个和第三个例证可以看出，风险和收益的正比关系又不总是一直满足的，这一方面给我们的财富管理途径带来了更多的选择，另一方面也给我们的财富管理带来了很多的困惑，究竟哪些项目能够在风险可控的前提下获取较高的收益？大众的家庭财富如何配置？在下文中，笔者将尝试回答这些问题。

第二节　财富管理的前提是风险承受能力

财富管理如何进行，家庭财富如何配置，第一个前提就是风险的承受能力。风险的承受能力和财富总量、收入水平、个人性格、年龄结构、工作性质、花销需求等诸多因素有关。风险承受能力分为风险厌恶型和风险偏好型，通常来讲，大多数大众投资者都是风险厌恶型的，通俗地讲就是不愿承受财富本金的损失。

风险的承受能力是投资的前提

很多财富管理机构会根据投资者收入情况、投资知识、投资目标、风险承受能力、年龄和其他信息对投资者的风险承受能力等级进行分类。表1总结了投资者风险承受能力等级与产品风险等级的匹配规则。

根据表1的分类，大众投资者的风险承受能力等级往往是保守型、谨慎型、稳健型，建议匹配的产品的风险等级为中风险以下的产品。根据这个分类，就可以大致圈定大众投资者财富管理产品的范围，但即便是风险等级相近的产品，其投资时间长短、投资取现的便利性、投资渠道的便捷性和投资收益的水平也不尽相同，需要进一步分类分析。

表 1　投资者风险承受能力等级与产品风险等级的匹配

投资者风险承受能力等级	建议匹配的产品的风险等级
保守型	低风险
谨慎型	低风险、中低风险
稳健型	低风险、中低风险、中风险
积极型	低风险、中低风险、中风险、中高风险
激进型	低风险、中低风险、中风险、中高风险、高风险

第三节　究竟多高的收益是比较安全的

投资的收益和经济环境相关。经济发展的一个特点就是周期性，经济周期可以简单地分为上升阶段和收缩阶段，改革开放走过了四十年，我国的经济周期也经历了数个起起落落。当经济处于上升阶段时，投资扩张，收益率也相对较高；当经济处于收缩阶段时，投资紧缩，收益率也相对较低。以我国经济极速膨胀的 20 世纪 90 年代初为例，1993 年 7 月的一年期定期存款利率高达

10.98%，甚至超过今天绝大多数 P2P 理财的收益水平。如今我国经济进入新常态，经济增长从高速转为中高速，有的经济学家判断我国经济会企稳回升，呈现一种 U 型经济增长状态，更多的经济学家则判断我国经济增长会呈现一种 L 型的态势，也就是长期处于目前的中高速甚至是中速发展状态。笔者比较倾向后一种判断，这也就不难理解我国当前的利率处于很低水平的原因了。

呈现明显 L 型的经济增长率

由此可见，银行存款利率将有可能长期处于较低水平，并且出现低于物价上涨水平（CPI）的现象。如果银行存款低于 CPI，那么银行存款的实际收益就是负的。举个显而易见的例子，小李在银行存了 100 元钱的一年期定期存款，收益率 1.5%。存款的时候可以买 10 斤草莓，他忍了忍，没买。一年后，他从银行领取了 101.5

元的本息，想“潇洒”一把的时候，却惊奇地发现，草莓已经涨到 11 元一斤了。也就是说，虽然有收益，但“钱不值钱”了，实际上他还是受到了损失。这也就是上述的负实际收益率。在过去的四十年里，这种现象是不鲜见的。由于我国的 CPI 统计是不包含房价的，如果将房价的上涨考虑进去，那么绝大多数年份，银行存款的收益都是负的。这就需要大众选择好财富管理的工具，否则在很多时候，我们的财富水平都是缩水的。

负利率是银行存款的常态

投资收益和我国的金融政策相关。作为发展中国家，我国长期自觉和不自觉地采取了金融抑制的政策。对于不熟悉金融学的朋友们，金融抑制这个词语的内涵可能有些学术化了，其实简单地说就是政府过多干预金融体系的自发运行，而这种干预在一定程度抑制了经济的发展，从而造成经济落后的恶性循环。通俗来说，政府就像是妈妈，经济体系如同儿子，妈妈有意或者无意地把儿子的鞋子做小了，儿子长期“穿小鞋”，不仅脚长不大，而且还会造成脚“变形”的后果。事实上，作为普通投资者，大可不必计较金融抑制的全部内容，在我们管理财富时，只需要记住因为金融抑制，银行的定期存款利率总是被人为地压低了，也就是“妈妈”做“鞋子”的时候，省了一些“材料”“布料”，因此将钱存入银行吃利息总是不合算的。

钱存在银行并不合算

与此同时，因为金融抑制，民营企业的实际贷款利率往往远远高于央行的指导贷款利率，由此可见普通银行通过这种压低吸储利率、抬高贷款利率的方式获取了超额利润，而这些超额利润的相当一部分，是应当属于我们大众的。除了金融抑制政策，我国的利率市场化水平也一直困扰着大众的投资选择，尽管目前我国名义上完成了利率市场化改革，但是存款利率上浮的管制仍然普遍存在，这就使得金融抑制的局面没有彻底的改变，大众的存款选择仍然受限。

利率市场化进程不彻底

互联网金融推动了我国金融产品收益的市场化。最近几年有一个词很流行，叫作“倒逼”，互联网金融就是一种倒逼，它确实促进了我国金融产品收益的市场化。在这里还需要补充市场化的概念，从市场经济的角度看，如果金融产品的收益是市场化的，那么投资者将会获得一个“公平”的回报。那么什么是“公平”的回报呢？

简单地说就是承受多大风险获得多大收益，而不是像过去把钱存到银行，承担了通货膨胀和房价上涨的风

投资应当获得一个公平的回报

险，却获得了很低的回报，这种回报本身就是不公平的。互联网金融给了大众获取一个公平回报的机会。笔者以为，我国的互联网金融真正的发端要从宜信财富 2006 年发明 P2P 理财开始，2013 年余额宝的上线使得互联网金融进入蓬勃的发展时期，但是请注意，互联网金融给大众投资者带来公平的、市场化的回报的同时，也带来了很多风险，这在一定程度上是由我国互联网金融市场发展尚不成熟造成的。尽管有诸多风险和不成熟，但是互联网金融确实有效地撮合了资金的市场化供给和需求，从而带来了收益的市场化和公平性。

读到这里，有些读者可能会说，你讲的什么公平收益率，什么市场化，有些太空泛了，究竟多高的利率是公平的、安全的、低风险的？其实，在不同的经济发展阶段、不同的货币政策、不同的市场化水平条件下，低风险产品的收益水平是不同的。这时，读者可能又会说了，这不把问题又搞复杂了吗？那么在这告诉大家一个经验法则：把当年我国的经济增长率，也就是通常说的GDP 增长率乘以 75%，就是市场化条件下的低风险年化收益水平的上限。

GDP 增长率乘以 75%算法

比如说 2017 年我国 GDP 增长率为 6.9%，乘以 0.75，约等于 5.2%，大家是不是也觉得 5.2%的年化收益在 2017 年是比较合理和公平的呢？在这里需要解释一下，按这种方法计算的收益率一方面指的是年化收益率，它仅仅是把当前收益率（日收益率、周收益率、月收益率）换算成年收益率来计算的；另一方面指的是金额不算太高的大众投资理财收益。如果你有一千万做投资理财，在 2017 年年化收益 5.2%就稍显略低（其实笔者认为一千万投资理财在保本的情况下，5.2%也是可以接受的）。读到这里，可能有些读者又要问了，你这个 GDP 增长率乘以 75%是怎么来的，拍脑袋吗？其实还真不是，因为在金融学的相关研究中有学者发现一个市场化的贷款利率基准水平应当接近于当年的经济增长水平。既然贷款的基准利率水平知道了，而存贷款应当是有利差的，也有研究表明，银行的毛利润应当在 25%左右，这就有了笔者提出的低风险年化收益水平的上限为 GDP 增长率乘以 75%的算法了。这里举一个例子为证，平安旗下的陆金所是 P2P 理财中公认比较安全的产品，2018 年 2 月它的灵活存取利息为 4.92%，30 天投资理财的利息范围大约是 5.3%～6.3%，这个利息与笔者的算法是比较一致的。有了这个算法，咱们大众投资者就可以很方便地根据经济增长，也就是经济大环境的动态来判断究竟多高的收益水平是安全的，多高的收益水平是有风险的，当然根据该手册开篇提出的三条规律，GDP 增长率乘以 75%的算法只是一般情况，具体投资渠道还是要具体分析的。

本章从风险和收益的一般规律入手，在强调风险控制的前提下总结了究竟多高的收益是安全的，也给出了具体的算法。由于这种算法和规律只是一般规律，那么在下文中，笔者将继续分析常见理财方式的特点和优劣，推荐给广大投资者。

第二章　选择合适的理财产品

目前适合大众进行财富管理的理财产品越来越多，这既给投资者提供了多种选择，也带来了困惑，究竟哪种理财产品更合适成了一个重要的问题。

第一节　不同理财产品的关键要素

根据对相关领域以往研究的梳理，笔者将理财产品的构成要素总结为收益率、风险、流动性、购买渠道、投资去向五个方面。

其一是收益率，不同大众理财产品的收益率是不同的，具体收益率与理财公司的平台和风险有关，通常而言将收益率从低到高排序依次为银行存款、长期人寿保险、国库券、货币式基金、万能保险产品、债券式基金、混合式基金、股票、信托产品、资产证券化产品、P2P/P2B 产品、私募基金产品、股票式基金、期货及其他新财富管理产品。

其二是风险，笔者将适合大众理财的产品风险排序为银行存款、国库券、长期人寿保险、货币式基金、万能保险产品、信托产品、债券式基金、混合式基金、资产证券化产品、P2P/P2B产品、私募基金产品、股票式基金、股票、期货及其他新财富管理产品。

其三，流动性指的是资金存取的方便程度，比如信托和保险产品就不方便随时存取，需要存入较长的时间，再比如过去银行存款如果提前支取只能获得极少的活期利息，而随着余额宝等灵活存取产品的冲击，很多银行存款也开展了阶梯计息的方式，也就是提前支取时能根据提前的时间长短，拿到部分定期利息。

其四，购买渠道主要可以分为线上购买和线下购买，线上购买的产品一般是小额产品，适合在互联网和手机上购买，线下产品一般是金额较高的长期投资产品，如信托和万能险，当然随着互联网技术的不断发展，线上线下产品也在不断融合。

其五，投资去向是进行投资理财时需要重点了解的，只有知道了投资的去向和现金流的来源，才可能判断投资的安全性。在这里引用重庆市前市长、学者型官员黄奇帆的一句话："把金融搞得很复杂的那些人都是骗子。"因此，在进行财富管理时一定要明确投资资金的去向。

“把金融搞得很复杂的那些人都是骗子”

表 2 总结了适合大众理财产品的收益率和风险之间的分类。

表 2　大众理财产品的收益率和风险之间的分类

	高	中	低
高	期货、资产证券化产品、P2P/P2B 产品、私募基金产品及其他新财富管理产品	信托产品、债券式基金	
中	混合式基金、股票式基金、股票	万能保险产品	货币式基金
低			银行存款、国库券、长期人寿保险

在初步归纳不同理财产品收益率和风险之间关系的基础上，下文将针对每种理财方式进行较为具体的介绍，并推荐给不同类型的理财用户。

第二节　传统低风险理财产品的新变化

传统低风险理财产品主要包括银行存款、国库券和人寿保险，由于银行存款利息低，越来越少的人选择将钱存在银行吃定期利息。国库券利息稍高但是份额少，投资期限长，因此也不是一种非常好的理财方式。在互联网金融的倒逼下，银行也推出了很多理财产品，那么这些理财产品安全吗？收益率如何呢？在这里笔者给出一个明确的回答：只要银行理财的购买流程是合规的，并且利息不超过 GDP 增长率乘以 75%的算法，其本金应当是安全的。尽管这些年有出现过银行存款不翼而飞的情况，但是仔细追究这些情况基本都是因为违法违规操作导致的，比如“飞单”，理财经理利用职位之便，利用投资者对银行的信任，私自向投资者出售既不是银行自营的也不是代销的来路不明的理财产品，从而获得高额的佣金。比较著名的“飞单”事件，就是 2017 年 4 月份民生银行爆出的 30 亿虚假理财案。

为了进一步让读者了解到银行理财的安全性，笔者对这些银行理财的投资去向做一个解释：这些银行理财的投资去向一般是保险和信托，很多保险公司通过银行

“飞单”是一种违规行为

柜台的渠道出售保险产品，也有信托公司将信托产品拆分成较小额度由银行代售，这些投资资金最终会通过保险公司的稳健投资和信托项目进入实体经济，并且大多都有担保和风险控制，所以安全性是有保证的。当然大众投资者在购买银行理财时需要注意防止募集期过长。银行理财产品一般都有募集期，时间少的有两三天，长的有半个月，如果中途再遇上节假日就更长了。在募集期内，资金投进去是没有收益的，最多只按活期利息算。银行理财产品募集期越长，实际收益率就会越低，在选理财产品的时候，不要只看收益率的高低，还要留意募集期的长短。比如，一款理财产品，投资金额为 50000 元，投资期限为 180 天，年化收益率为 5%，到期后利息所得为 1233 元。而另一种情况是一款理财产品，投资金额为 50000 元，投资期限为 180 天，募集期为 15 天，到期后利息所得同样为 1233 元，那么它的实际年化收益率只有 4.61%。因为这款产品从募集到最终结束，所用的时间为 195 天，那 15 天的募集期已经把收益率拉低了很多。

过长的募集期会拉低银行理财的实际收益

在这里给大众投资者一个小建议，五大行（中国工商银行、中国农业银行、中国银行、中国建设银行、交通银行）的理财产品收益率相对较低，而其他全国性股份制银行如招商银行、中国光大银行、中信银行、兴业银行、华夏银行、平安银行、民生银行、邮储银行的理财产品收益率则较高，并且风险也是较低的，所以建议大众投资者选择上述稍小股份制银行进行理财投资。对于农商行、村镇银行的理财产品则需要谨慎购买，因为这些银行主要从事农业贷款业务，利润低风险大，且银行规模小，风险较高。

对于现代人寿保险，1996 年中保人寿保险有限公司成立，中国人寿开始迈入人身保险业务专业化经营时代。随后经过了 20 多年的发展，中国的寿险业逐渐被广大人民群众接受并认可，得到了长足的进步。笔者总结了当前人寿保险业务的四大特点：一是风险较低，根据当前保险法，寿险公司是不允许倒闭的，并且保险公司的投资范围被相关制度限制在风险较小的领域；二是收益较低，当前我国大部分的人寿保险保单年化收益率都不超过 4%，远低于同类中国香港人寿保险的收益水平（曾经火爆一时的香港保险也因为换汇受限而归于平静）；三是期限很长，保险连续缴费十年、二十年甚至三十年都是存在的，因此流动性很差；四是人寿保险理财可以合理避税。笔者认为，在我国开征遗产税和房产税只是时间问题，而根据保险法规的规定，传承性的人寿保险可以合理避开很多税收，在发达国家是常用的富人避税工具。由此可见，人寿保险理财有自身优势也有一定局限，需要在合理规划家庭财富分配的基础上，根据自身需要购买。

保险具有财富增值之外的功能

第三节　传统高风险理财产品的新变化

传统高风险理财产品主要是股票类产品，比如普通股票、股票式基金和期货等。对于这类产品，笔者的建议是大众投资者尽量不要首选这类产品，这种建议也许不会赢得很多老股民的赞同，但是笔者长期从事我国证券市场的研究，给出的建议是有根据的。从金融学的视角来看，很多研究都表明我国的股票市场不是一个有效的市场，换句通俗的表述就是，我国的股票市场是一个没有规律的市场。散户在我国的股票市场处于劣势地位，庄家和机构投资者操纵股市的现象屡见不鲜，散户的资金一次次地被他们“剪羊毛”（“剪羊毛”是银行家圈子里的一个专用术语，意思是利用经济繁荣和衰退的过程所创造出的机会，以正常价格的几分之一拥有他人的财产）。

散户可能是被“剪羊毛”的对象

随着股市投资技术的提高，很多机构投资者采用了量化投资等更新的股市买卖技术，使得个人炒股的股民处于更为劣势的地位。在现今的股市环境中，个人散户投资股票是一种高风险低收益的投资模式，并且由于炒股票需要耗费投资者大量的精力和时间，耽误正常的就业和工作，可以说是得不偿失。由于股市的风险大，和股票价格挂钩的股票式基金的风险同样很大，特别是指数类基金，由于我国股市较长一段时期均在低位徘徊，很多指数类基金的收益表现很差，不是一种很好的大众理财产品。

对于期货投资，比如大宗产品（包括农产品、原油）期货和黄金等金融资产期货，也不适合大众投资者。笔者之所以有这样的判断是因为期货的交易规则复杂而专业，并且从理论上讲，期货投资的收益可能很高，但风险同时是可以无限大的，因此并不适合大众投资者。且不说大众，我国几大石油公司在国际原油价格处于150～200美元每桶的高位时，还以较高的价格购买了大量远期石油期货，锁定了很长一段时间石油高进口价格，可如今国际油价大幅下跌后一直处于低位运行状态，我国原油进口损失很大。掌握着大量资源、信息的大型国有企业尚难以确保收益，对于普通投资者而言，更难有所作为。由此可见期货投资并不适合大众。

我国原油期货损失较大

第四节　新型的低风险理财产品

随着互联网金融的兴起，移动货币式基金成为新型低风险理财产品的首选，其代表有阿里巴巴推出的余额宝和腾讯推出的理财通。余额宝和理财通实际上一种“移动互联网平台＋货币式基金”的组合，它们的收益率高于银行定期存款，且能够按日计息灵活存取，有着很高的流动性和不低的收益，且没有投资门槛，1元起投，广受年轻投资者的喜爱。近年来，余额宝和理财通等移动货币式基金也逐渐被很多中老年大众所接受，而笔者认为对移动货币式基金心存疑惑的朋友们可以放心，至少余额宝和理财通是比较安全和可靠的，究其原因有三：一是余额宝和理财通本质上是一种货币式基金（余额宝挂靠的是天弘增利宝货币式基金，理财通挂靠的背后是华夏财富宝货币式基金），货币型基金只投资于货币市场，如短期国债、回购、央行票据、银行存款等，风险很低，并且通过投资货币市场，余额宝和理财通的资金仍然进入了银行系统并流向了实体经济，其收益来源是可靠的；二是余额宝和理财通利息一直处于合理范围，风险较低，除了余额宝刚刚上线时的年化收益率曾一度超过6%，其余的年化收益率一直稳定在4%左右，根据笔者所提出的 GDP 增长率乘以 75%算法，其收益水平是合理且偏低的，因此风险较小；三是余额宝和理财通的总规模巨大，以余额宝为例，2018 年 2 月余额宝的总金额达到 1.6 万亿左右，是世界第一大货币式基金，用户数量超过三亿，呈现出“大到不能倒闭”的现象。

支付宝等移动理财产品实际上还是各类基金

以余额宝和理财通为代表的移动货币式基金有如此众多的好处，然而它们也有自身的缺点：第一个缺点就是收益率偏低，根据笔者 GDP 增长率乘以 75%算法，4%的收益率距离 5.2%的安全收益上限仍然有较大距离；第二个缺点就是份额有限，以余额宝为例，余额宝自 2017 年 8 月起上限金额降低为 10 万元，从 2018 年 2 月起每天转入金额不得超过 2 万元，且份额有限；第三个缺点就是资金提现需要较高的手续费，例如目前余额宝只有本人银行卡直接转入的资金和通过收款码转入的资金，提现无须手续费，而理财通超过免费额度的所有资金提现均要收取1%的手续费。这三个缺点都使得余额宝和理财通投资比较适合于现金理财，不适用于家庭全部资产的配置。

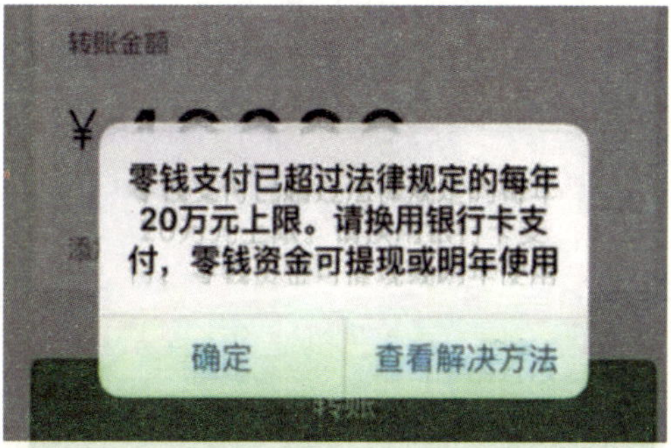

支付宝理财通等移动理财产品有一定的限制

近一两年来，余额宝和理财通这两个平台自身也针对上述的三个缺点开发了很多新产品，在相当大程度上克服了这些缺点，成为一种适用范围更广的理财工具。例如余额宝推出了针对淘宝商家用户的余利宝，转入金额上限为1000万元，转出金额为100万元，方便了淘宝商家的流动资金理财。余额宝和理财通也联合其他基金公司推出了收益率更高的灵活存取货币式基金和固定期限保险类理财产品，比如60天期限1千元起购的中低风险国寿超月宝，其 2018 年 2 月 21 日的年化收益率为 4.94％，灵活存取 T＋2（取出申请的第三天到账）；产品建信现金增利货币，其 2018 年 2 月 21 日年化收益率为 4.65％。理财通也推出了很多稳健理财产品，比如一款投资具有良好流动性的固定类收益金融工具——广证红棉回报系列，该产品投资时间为 273 天，起点购买金额为 5 万元，业绩预期年化收益率为 5.4％，其收益率甚至超过了笔者提出的 GDP 增长率乘以 75％算法的结果，当然投资者也要思考其风险的存在性。相信随着余额宝和理财通平台的不断发展，100 万左右的大额理财项目也会被推出。

也许有些朋友要说，手机是很容易丢失的，笔者的有些朋友从手机普及之日起陆陆续续丢过十几部手机，那余额宝和理财通里的资金岂不是很不安全。其实大家只要注意设置手机开机密码，并保管好余额宝和理财通支付密码，即使手机丢失，资金也是安全的。余额宝还专门针对资金安全推出了资金安全保险，保费低、保障金额高，并且余额宝和理财通都是实名转账，即使误转账也可以通过法律途径追回。在这里要插一句话：钱放在哪里最不安全？有人说余额宝不安全，有人说现金放家里不安全，其实笔者的判断是这样的：把钱放在银行卡的活期里，并且开通了网上银行和手机银行是最不安全。这是因为每家银行的风控和网上银行系统的建设参差不齐，很多诈骗短信和诈骗电话专门针对开通了网上银行和手机银行的活期用户，进行电信诈骗。笔者曾经收到过伪装成某大型国有银行的诈骗短信和诈骗链接，进入了金融诈骗手机网站，直到最后输入转账验证码时才看破骗局，险些损失现金，后来笔者只得到该国有银行的网点更改银行卡相关信息。在和该行的大堂经理聊天时，我们达成了这样一个共识：正是因为该国有银行经常通过短信给笔者发送各种消息，包括广告，使得笔者放松了警惕，才给金融骗子以可乘之机，将伪装成通知短信发送给笔者，险些造成损失。说句玩笑话，笔者也是金融行业的"老司机"，都险些受骗，因此很多上了年纪的老年人屡屡遭受银行卡金融诈骗，也就不足为奇了。

放在银行卡里的钱也许并不安全

第五节　新型的中高风险理财产品

对于中高风险理财产品，比较有代表性的就是信托产品，可能很多大众不太理解什么是信托，在这里笔者不从金融学角度过多解释，用一句比较通俗的话说：目前我国的信托更像是有钱人的银行。

信托类似于有钱人的银行

这句话里包含了两个含义：第一个含义是有钱人投资，说明了信托的投资起点比较高；第二个含义就是投资的风险不高，有点像银行。比如中信信托、平安信托都是比较大的信托公司，他们的产品主要是100万元起的信托产品，投资对象一般是大型项目建设，比如有财政担保的新城镇建设、大型商业项目融资，并且这些大型信托公司都设有风险资金池，遇到极少量的项目回款受阻，可以通过风险资金池弥补投资者的本金和收益。目前100万元左右的信托产品的投资利率一般在7%～8%之间，超过笔者所说的GDP乘以75%的算法的结果，不过考虑到信托产品的投资起点高，投资时间长（一般为一年），对于有保证的信托项目，是可以考虑配置的。然而信托仍然是有一定风险的，2018 年开年，对信托业来说并不平静，不只有监管层接连下发的新规，信托公司违约也频频爆出。据不完全统计，2018 年初至今已有至少 6 家公司的项目出现兑付危机，虽然危机背后原因不一，信托公司在项目中的责任也有待厘清，还有的项目在短暂逾期后已完成兑付。不过，密集爆发的违约事件仍给业内敲响警钟，刚兑问题也再次受到热议。因此笔者将信托类理财划分为中高风险理财，并且不建议大众投资者将所有的资金全部拿出来购买信托，建议资金实力较为雄厚的大众投资者可以将一部分资金用于购买信托获取较高的收益。

信托也是有风险的

对于中高风险理财产品，最具代表性的就是P2P（Person-to-Person）理财，P2P理财由宜信公司发明，于2006年推出。P2P的含义是个人对个人借贷业务，通过互联网或者线下平台吸收闲置资金，然后通过互联网平台放贷给有资金需求但又难以从银行贷到款的资金需求者。从P2P的运营模式看，我国的金融抑制政策催生的那些难以贷到款的民营中小企业主是P2P产品收益的来源，可以说P2P是中国版的次级贷款，联想到影响全世界的美国次贷危机，我们可以发现P2P理财的风险是较高的。宜信公司发明P2P后，市场上出现了很多P2P理财公司，也有很多P2P理财公司资金链断裂，如快鹿集团，有的甚至打着P2P的名义，赤裸裸地进行庞

P2P风险较高

氏骗局，如 e 租宝（庞氏骗局简言之就是利用新投资人的钱来向老投资者支付利息和短期回报，以制造赚钱的假象进而骗取更多的投资，有如俗语中的“拆东墙补西墙”）。

高额回报后往往是庞氏骗局

当然随着金融监管力度的加大和行业的洗牌，还是有很多 P2P 公司在有效运营，例如宜信财富通过宜信普惠发放小额贷款，将 P2P 业务全部移至线上，连续十多年有效运营。对于 P2P 理财，笔者建议大众投资者要根据 GDP 乘以 75％的算法，购买经营时间长、有信用的 P2P 产品，并且选择在当前年化收益率最好不要超过 7％的产品，否则都是有较高风险的。随着 P2P 行业的洗牌，很多财富公司开始探索新的互联网借贷模式，其中P2B（Person-to-Business，个人对企业的一种贷款模式）成为新的理财模式。在P2B中，个人将资金通过P2B平台发放给企业（主要是贷款难的民营中小企业），收益的来源主要是民营中小企业支付的利息，相对于个人借款，民营中小企业的支付能力较强，收益也相对稳定。但是随着我国经济进入新常态以及国际贸易形势的不断变化，很多民营中小企业的经营也是举步维艰，所以P2B的理财模式风险同样较大。

华尔街有一句名言："只要有稳定的现金流，就把它证券化。"指的就是资产证券化产品。根据证券化的基础资产不同，可以将资产证券化分为不动产证券化、应收账款证券化、信贷资产证券化、未来收益证券化（如高速公路收费）、债券组合证券化等类别。因为资产证券化产品和未来的收益挂钩，这种未来的不确定性决定了资产证券化产品风险也较高。比如近年来出现了银行不良资产证券化产品，原来这些银行不良资产证券化产品仅仅限于机构间，但近年来也开始对公众发售。投资者在购买此类资产证券化产品时要充分考虑风险，因为银行不良资产的处置方式对于大众投资者来说是无法具体掌握的，这就存在了信息的不对称，从而导致道德风险，简而言之就是由于处置过程的不透明，导致了真实的收益情况被隐瞒或者被压低。

资产证券化产品可能存在信息不对称

随着私募和风投（PE/VC）活动的广泛开展，私募基金和风投基金也逐渐走进大众投资者的投资范围。私募和风投与企业成长周期有关，风投处于企业成长的早期发展阶段，比如前文中所述联想风投投资科大讯飞，私募处于企业成长的中期发展阶段，这些投资一般需要等到企业上市之后，才可以按照股份获得回报。由于私募和风投属于股权投资，且企业的发展存在不确定性，不是所有的企业都能够成功上市，并且从企业初创到上市一般都需要经历一个较长的时间，企业在上市之前也存在经营不成功的风险，因此私募和风投的投资风险是较大的。由此可见直接对某一个企业进行私募和风投对于大众投资者是不合适的，但是由于私募和风投的企业一旦上市成功，将会获得很高的回报，有一些财富公司开发了私募股权投资母基金进行财富管理。所谓私募股权投资母基金，简单地说就是通过母基金公司投资进行投资组合管理，投资一揽子私募项目，从而达到分散风险和缩短投资时间的目的。一般来说，私募股权投资母基金的收益要高于信托投资，投资起点也在 100 万元左右，但其风险高于信托投资。笔者认为私募股权投资母基金是大众投资者能够考虑的风险最高的投资产品了，P2P 的发明公司宜信财富近期的主要业务就在保持 P2P 业务的同时，重点推出私募股权投资母基金产品。

私募和风投（PE/VC）投资于企业成长期

此外，2014 年起股权投资诞生了一种新的融资模式——众筹，众筹利用互联网吸收投资者分散的资金进行风险和私募投资，这种投资模式门槛低，理论收益高，但是投资时间长，风险大。2015 年众筹模式曾经火爆一时，但到了 2016 年之后众筹股权投资的热度锐减，所以请投资者要慎重选择众筹模式融资作为理财手段。

第三章　房产理财的新趋势

房子是当今老百姓最关心的话题之一。亲戚朋友聚在一起讨论最多的话题就是房子，甚至刚刚熟识的人在聊天中，没个三五句都会扯到房子上来。由于房产的重要性，笔者将其单列一章专门讨论。

第一节　有恒产者有恒心

大约二十年前，北京的房价在两千元左右一平方米，没过几年就涨到七千到八千一平方米。笔者清楚地记得当时的主流媒体都在抱怨房价太贵，可是到了北京房价最疯狂的 2016 年末到 2017 初均价达到了五万一平方米，四环以内的房价普遍在八万到十万一平方米。二十年间几乎翻了 50 倍，什么投资能这么稳定、这么高收益呢？

夸张的北京房价

中国房价的上涨，究其根本原因还是城镇化的刚需。截至2017年末，我国的城镇化率为58%，对标西方发达国家动辄95%的城镇化率，我国的城镇化进程还将持续相当长的时间，笔者判断至少还需要持续20年到30年时间。并且中国自古就有“有恒产者有恒心”的传统，城镇化对房产的刚需仍然是维持房价的重要推手。由于各大重要城市近年来陆续推出较为严格的限购和限贷政策，我国的房价也呈现出从一线城市领涨、二线城市跟涨、三四线城市补涨的局面，房价上涨的势头从重要城市向一般城市扩展。面对逐渐超过大众承受能力的房价，“房子是用来住的，不是用来炒的”成为近年来房价调控的总基调，调控的力量和刚需的力量长期相互制衡，是未来房产走势的主要推动力。

第二节　我国房产泡沫分析

有人说中国的房产泡沫很大了，但是究竟如何衡量，金融学界有很多不同的算法，有的算法还非常艰深晦涩，在这里笔者介绍一种简单的方法来衡量房产的泡沫：租售比，也就是每个月的月租与房屋总价的比例。国际上通常认为租售比为1∶300是房产泡沫的标准，比如月租金为三千元左右的房屋，总价如果在九十万以上，那么这套住房就存在房产泡沫。按着这个标准，我国目前绝大多数城市的房价都有很高的泡沫，但是笔者认为国际

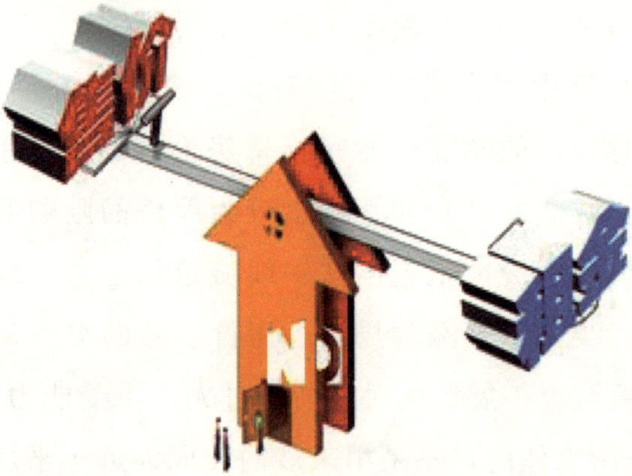

租售比能够衡量房产泡沫

标准不一定适合中国的国情，因为我国居民普遍偏好购房而不是租房，所以笔者认为 1：500 应当是衡量房产泡沫的一个比较适合我国国情的租售比。

也就是说租金为三千元左右的住房，总价应当在一百五十万左右，此时房价没有显著的泡沫。即使按照这个标准，我国大部分城市的房产还是存在较高的泡沫，那么我国会不会重演日本房产泡沫在 1989 年破灭的情况呢？学术界和民间有着各种各样的分析和判断，有的学者说房产泡沫会破灭，有的学者说不会，还各有各的理由，看起来都言之凿凿，让人困惑。笔者的判断很干脆也很简单，就两个字：不会！

长期房价将会持续稳定发展

尽管部分一线城市，如北京和上海的房价在 2018 年有所下降，但降幅是很低的，从全国范围内看，城镇化刚需和中国人的古老习惯，会支撑我国的房价长期稳定。房产泡沫不会大范围破裂的另一个重要原因就是，我国的金融系统严重依赖房地产贷款，而经过改革开放四十年的经济改革，我国经济的宏观调控既积累了相当多的经验，也具有很强的调控能力，因此作为国民经济最重要的支柱产业，房产经济会稳定和持续地发展。从这个角度来看，对于在城镇无房家庭和少房家庭，在合适的城镇购买房产仍然是不二的选择。

第三节　房产理财规划

说到房产理财规划，就不得不提到房产税，房产税是学界热议的话题，很多学者的意见是不同的甚至是对立的。房产税究竟怎么征？何时会征收房产税？确实是一个比较难以预测的问题，但这并不妨碍笔者对大众提出一些房产拥有的建议，这个建议就是，一个家庭拥有2～3套房产是不用过分担心房产税的征收。

这2～3套房产应当最好包含两套住房，并且最好不要配置在一个城市，并且这些住房不一定要是全款的住房，有贷款也是很好的购房选择，因为很多工薪阶层都有公积金，并且除了自住的住房，非自住的住房也可以出租冲抵一些房贷。为什么笔者有这样的建议呢？因为

房产税是可以合理规避的

我国的房地产市场在一线、二线和三四线城市呈现不同的特点，有的地方火热，有的地方相对萧条，房产税不可能采取统一的、全国性的征税办法，这就使得购置不同层次城市的房产在将来成为合适的避税工具。此外，虽然房产税何时出台不得而知，但采用类似个人所得税式的累进税率是必然的选择，对于自住刚需房，自然是不会征税，第二套房产即使征税，税率也不会太高。对于购买房产的方式，建议大众朋友们首选公积金贷款，其次选择商业贷款。由于首套房贷款首付比例低，贷款利息也很低，是一种低息的融资模式，因此即使有充足的现金购买首套房，也建议使用贷款的方式，剩余的可以用于其他稳健的投资和日常消费，可以提高家庭总收益和生活质量。如果考虑到房价上涨和物价上涨因素，贷款购房可以说是一种很好的杠杆投资行为，所谓杠杆投资，通俗地讲就是借别人的钱投资赚钱，可以提高总收益。

对于商铺、公寓、养老地产、旅游地产在资金相对充裕时可以考虑配置，但建议要有产权。一些商铺采取“商铺返租”也就是开发商将一个商业项目分割成众多个小面积产权商铺出售给小业主，同时，与小业主签订返租合同，承诺在一定期限内，商铺由开发商统一经营管理，同时会按约定时间支付给小业主固定的租金。在投资这类商铺时需要慎重考虑，因为随着互联网经济的发

返租商铺需要谨慎考虑投资

展，商铺经营受到了很大的冲击，商铺逐渐成为一种比较危险的资产，当然对于市口和位置较好的商铺以及信誉较好的开发商，少量配置返租商铺也是可以考虑的。

最后还需要指出的是不能小觑农村住宅的价值潜力，农村的土地红利可以说是我国改革开放的最后一块红利，特别是随着乡村振兴战略的提出以及农村土地逐步进入土地市场，农村的宅基地和住宅有着很大的投资潜力。因此，建议广大农民朋友们，尽量保有和继承农村的宅基地和住宅，未来它们可是奇货可居哦！

保有和继承农村的宅基地和住宅

第四章　理财建议

第一节　家庭理财规划

对于大众家庭，可以按照鸡蛋不要放在一个篮子里的原则来配置家庭的资产。这里介绍一种国际上比较通行的家庭财富管理方案：标准普尔家庭资产象限图。

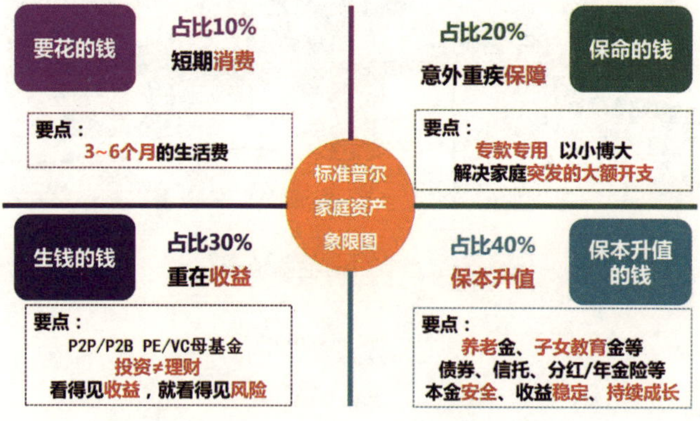

标准普尔家庭资产象限图

标准普尔家庭资产象限图将家庭资产划分为四个区域，左上角的第一区域是“要花的钱”，占家庭资产的10%，大约相当于3～6个月的生活费。以中国目前的家庭消费水平，这笔钱大约在5万～10万元人民币。因为随时要开销，这部分财产需要有很高的流动性，但这并不意味着这部分财产就不需要理财。对于这部分财产可以考虑放置在余额宝和理财通等移动货币式基金的理财工具中，获取即时利息，积少成多。笔者也是工薪阶层，但余额宝的累积收益也超过了15000元，并且没有影响到日常生活的流动性。

笔者的余额宝收益情况

标准普尔家庭资产象限图第二个区域是“保命的钱”，占家庭资产的 20%，主要是用于购买各类保险产品。由于我国目前已经建立覆盖面广泛的社会保障体系，大众缴纳的社保也应当计算在这类资产中，但是我国社会保障体系还处在发展阶段，不是所有大众的社保报销比例都足够高，因此对于社保保障程度低的大众，商业重疾险是值得购买的。对于经常出差和外出的大众朋友们，购买综合意外险也是很必要的。

保险有重要的资产配置功能

标准普尔家庭资产象限图第三个区域是“生钱的钱”，占家庭资产的 30%，主要用于投资。这部分资产可以考虑稍微承担一些风险，在风险可控的前提下投资收益较高的产品。在我国目前的投资环境下，笔者建议可以购买信誉高的 P2P/P2B 等互联网理财产品，或者 PE/VC 母基金。

标准普尔家庭资产象限图第四个区域是“保本升值的钱”，占家庭资产的 40%，主要用于投资保本前提下的较高收益产品。根据中国市场的特点，投资产品按照风险由低到高可以分为商业养老保险、子女教育理财保险、分红理财型保险、债券（主要指的是政府债券）、银行理财、信托产品等。这些产品利息高于余额宝和理财通，并且本金相对安全是“保本升值的钱”。

最后需要说明的是，这四个象限的资产配置不包括房产，对于大众家庭可以采用全款和贷款组合的方式在两个城市配置 2～3 处房产，提高家庭财富的保值增值能力。

第二节　应当回避的理财模式

首先，不要借钱投资。借钱投资对于企业是常用的手段，企业通过将自有的固定资产和股权等资产向银行抵押获得资金，是盘活企业固定资产、提高净资产收益的有效手段。大众投资者的投资大部分是间接投资，比如购买基金、保险、股票和理财产品等，通常的投资方式不包含产业投资，当然，借钱做一些个体生意也是可以的，但是其风险也是不低的。如果大众投资者借钱投资，无论是否需要支付利息，都会付出一定成本，比如找亲戚朋友借钱通常只能救急，即使不给利息也会付出人情债，如果找金融机构借钱投资，一定会支付利息，并且借款有损失的可能。有一种情况需要特别避免，那就是借钱炒股，说句直白的话，这真是一种很傻的行为，股市风云变幻，很多投资者连大盘都跑不赢，并且大盘一直都很疲软，借来的资金遭受损失后，往往难以收场。不过，对于没有房产或者居住环境较差的大众，向银行贷款购房不属于借钱投资，但是贷款买房的首付最好是自有资金，有些买房者的首付款也通过其他途径向金融机构借款，这种超过买房者经济承受能力的做法不值得

不要借钱投资

提倡，因为后期还有还贷的压力。

这里需要补充一点，随着我国信用体系建设的不断完善，呵护好个人信用是十分重要的，最重要的个人信用就是银行征信，一旦银行征信出现问题，坐不了高铁、乘不了飞机、借不到贷款，总之非常麻烦。2018年2月，百行征信有限公司（俗称“信联”）的个人征信业务申请已获央行许可，信联相当于国家构建的新信用体系，里面不仅有我们的银行流水，还有支付宝、微信，乃至所有金融平台的数据，在不久的将来，信用有

保护好个人信用

问题的人就不仅仅是麻烦了，而是寸步难行了。由此可见，大众投资最好还是使用自己的自有资金，不要借钱投资。

不要将所有的钱投在同一类产品里。鸡蛋不要放在一个篮子里是分散化投资、降低风险的通俗说法。这里笔者的建议是不要全部投资同一类产品，如果是投资移动货币式基金等低风险产品倒是没有什么风险，但是总体收益水平会较低，如果全部投资 P2P/P2B 等中高风险产品，就会有很大的本金损失风险。因此对于资金比较充裕的大众，可以按照标准普尔家庭资产象限图，在风险可控的条件下，选择不同类型的理财产品，进行分散化投资，做到“小额分散有抓手”。

分散化安排资产

另外，不要被高息诱惑。天上不会掉馅饼，保守型投资者投资银行理财产品以及移动货币式基金都应该没有风险。不过对于 P2P/P2B 等中高风险产品，识别风险的最简单办法就是看 P2P/P2B 网贷公司是不是信口开河报出天价回报率，比如当前年化收益超过 12%的低起点理财产品通常都是很危险的，因为吸收资金年化收益超过 12%，那么借款利率至少在 15%左右，而当前的实体经济根本无法提供如此高的回报，所以千万不要被高息诱惑而投资。要明白的是，你是冲着高息而去的，而他是要吞掉你的本金，让你血本无归。在选择理财产品时，应当选择经营时间长、信誉好、口碑好、利息合理、投资去向明确的理财公司。

不要被高息诱惑

第三节　一些理财小建议

不同年龄的投资者，购买不同的理财产品。对于年龄稍大的投资者，可能对于互联网理财稍显生疏，建议在线下购买保险产品、银行理财产品、信托产品以及私募股权投资母基金。对年轻的大众朋友们，可能资金量较少，建议在线上购买保险产品，比如平安集团的平安金管家 App 里就有较多适合年轻大众投资者的中长期理财产品，此外余额宝、理财通 App 里也有很多流动性好、起点低、比较安全的货币式基金产品。

办几张信用卡，按时足额还款。有人说办信用卡会刺激消费，浪费钱，这种说法有一定道理，但是只要养成不铺张浪费的习惯，办信用卡是有很多好处的。首先，信用卡通常都有 50 天左右的免息期，平时花信用卡的钱，而将现金存入余额宝或者理财通，可以打一个时间差，获取余额宝和理财通的收益；其次，有信用卡的人，如果还款记录良好，有助于提高个人信用，方便在需要的时候，以很低的利息借入资金，笔者就从中国工商银行以 6.25％的年化利率借过五万元，用于周转，就是因为有一张额度为五万元的工商银行信用卡；再次，很多银行为了推广信用卡，推出了很多活动，比如招商银行的掌上生活，就有周三五折、9元电影票等优惠活动，办几张不同银行的信用卡，可以享受不同的优惠活动，提高大众朋友们的生活质量和生活乐趣；最后，建议大众朋友们按时足额还款，不要刷卡后分期还款，刷卡后分期还款会多支出很多利息，并且利息还不低。也有的朋友说还款不方便，笔者认为其实很方便，比如余额宝、51信用卡管家都是很好的手机还款工具，其中51信用卡管家的人品宝可以还款也有一定利息，并且还款还有红包奖励。

招商银行的掌上生活

开通蚂蚁花呗、京东白条等网络信用工具，提高综合信用。笔者以为，最近非常流行的蚂蚁花呗本质上也是一种信用卡，并且其最大的优势就是自动还款，只要余额宝里的资金充裕，就不用记着时间去还款，十分方便。京东白条也是类似的产品，并且可以用51信用卡管家还款。总结一句话：多用和按时还款，网络信用工具也会根据大数据分析，自动提高额度，当然信用卡多用和按时还款也会自动提额。

51 信用卡管家

购买一点实物黄金，保值并预防系统性金融危机。中国有句古话："盛世的收藏、乱世的金。"黄金是保值的最好手段之一，并且当出现系统性金融危机，也就是全国、全球性的金融危机时，黄金就会成为一种稀缺资源，实现资产保值的作用。考虑到黄金期货和纸黄金的不确定性，银行发售的实物黄金虽然有些手续费，但其保值功能还是高于黄金期货和纸黄金的。由于我国出现大范围金融危机的可能性较小，所以也不要购买太多，1 万～5 万元的实物黄金对于大众家庭应该就足够了。

实物黄金可以保值并预防系统性金融危机

养成慎重告诉别人手机验证码的习惯，防止资金风险。手机验证码涉及很多银行的安全措施，所以平时要养成慎重告诉别人手机验证码的习惯，现在由于现金用得越来越少，小偷基本已经“下岗”，但是金融骗子可是越来越多，所以记住一句话：“验证码打死都不说。”

验证码打死都不说

对于资金充裕的投资者，可以购买一些名家的艺术品。艺术品特别是名家的艺术品，保值增值的作用是很强的。比如已故著名画家吴冠中背后的投资人就是万达集团的董事长王健林。对于大众投资者购买名画的资金可能没有那么充裕，可以考虑购买知名画家的作品，怎么判断呢？除了从艺术作品本身的艺术价值来看，画家的平台和头衔也是可以参考的。比如中国美术家协会会员是知名画家的一个重要身份，其次担任省美术家协会重要职务的画家也是知名画家，比如省美协主席、副主席、主席团成员的好作品也是值得收藏的。

好艺术品是值得收藏的

后　记

受杜宇能先生所托，为《大众理财实操手册》作后记。

初拿到读本，即认真拜读后，心情也十分激动。一方面现如今大众理财门槛持续降低，“1 元理财”的广告屡见不鲜，但事实上财富管理的风险也伴随而来，关于“被套路”“剪羊毛”“血本无归”的案例也是常见报端，大众急需一本“科普”读物，了解财富管理分类和风险规避建议。另一方面，撰写这一读本的作者，必须有扎实的金融、财管方面的理论功底，同时还要有实际的操作经验和深入浅出的讲述功力。

杜宇能先生正是本人身边的不二人选。杜博士为本人同门师兄，师从中国科学技术大学冯锋教授。杜师兄自 2003 年进入中国科学技术大学读书后，历经本科、硕士、博士三个阶段，涉猎广泛，在多个专业领域内有所建树，并受邀进入加拿大农业部开展过两年的学术交流。杜先生当前在大学任金融学副教授，对金融学有着独到的见解，研究成果在国内外顶级期刊上也是屡屡见刊。同时，在浓厚的兴趣指引下，杜先生自行开展财富管理，并指导学生、朋友合理理财，获得一致好评。

《大众理财实操手册》既深植学术研究的肥沃土壤，同时又十分接地气，内容中对所有“晦涩”的专业术语都做了通俗的解释，而一些诸如“余额宝”“理财通”等名词又是身边每日可见的。体系清楚、主线分明，对于常见理财的风险做了明晰的提示，给出了中肯的建议。一口气读完，以往的许多不解、疑惑瞬间豁然开朗，对于财富管理在脑中也有了一个较为系统的认知。这显然对大众的财富管理是一笔珍贵的“财富”。

本书唯一缺憾就是受篇幅限制，杜博士难以尽述见解，阅毕难免感觉意犹未尽。在此，作为同门师弟，也希望杜师兄能进一步扩充内容，以飨读者。

合肥兴泰金融控股（集团）有限公司

人力资源部高级经理　博士　张雷勇

2018年2月28日于合肥

图书在版编目(CIP)数据

大众理财实操手册/杜宇能编著. —合肥:合肥工业大学出版社,2018.6
ISBN 978-7-5650-3989-8

Ⅰ.①大… Ⅱ.①杜… Ⅲ.①私人投资—基本知识 Ⅳ.①F830.59

中国版本图书馆 CIP 数据核字(2018)第 110947 号

大众理财实操手册

杜宇能　编著　　　　责任编辑　袁　媛

出　版	合肥工业大学出版社	版　次	2018 年 6 月第 1 版
地　址	合肥市屯溪路 193 号	印　次	2018 年 8 月第 1 次印刷
邮　编	230009	开　本	880 毫米×1230 毫米　1/32
电　话	艺术编辑部:0551-62903120	印　张	2.125
	市场营销部:0551-62903198	字　数	60 千字
网　址	www.hfutpress.com.cn	印　刷	安徽联众印刷有限公司
E-mail	hfutpress@163.com	发　行	全国新华书店

ISBN 978-7-5650-3989-8　　　　定价:28.00 元